PSYCHÉ

Représentée pour la première fois, à Paris, sur le théâtre de l'Opéra-Comique,
le 26 janvier 1857.

Reprise au même théâtre en opéra le 21 mai 1878.

CALMANN LÉVY, ÉDITEUR

DES MÊMES AUTEURS

Format grand in-18

LE BERCEAU, comédie en un acte 1 50
LE CABARET DES AMOURS, opéra-comique en un acte. 1 »
LA COLOMBE, opéra-comique en deux actes . . . . . 1 »
LES CONTES D'HOFFMANN, drame fantastique en 5 actes. 1 »
DEUCALION ET PYRRHA, opéra-comique en un acte. . 1 »
DON MUCARADE, opéra-comique en un acte. . . . . 1 »
DON QUICHOTTE, opéra-comique en trois actes . . . 1 »
UN DRAME DE FAMILLE, drame en cinq actes. . . . 1 »
L'ÉVENTAIL, opéra-comique en un acte 1 50
FAUST, opéra en cinq actes . . . . 2 »
FIDELIO, opéra en trois actes . . . . 1 »
GALATHÉE, opéra-comique en deux actes. . . . . . 1 »
GIL-BLAS, opéra-comique en cinq actes . . . . . . 1 »
LA GUZLA DE L'ÉMIR, opéra-comique en un acte . . . 1 »
HAMLET, opéra en cinq actes. . . . . 1 »
MIGNON, opéra-comique en trois actes . . . . . . 1 »
MISS FAUVETTE, opéra-comique en un acte. . . . . 1 »
LES NOCES DE FIGARO, opéra-comique en quatre actes. 1 »
LES NOCES DE JEANNETTE, opéra-comique en un acte. 1 50
LES PAPILLOTES DE M. BENOIST, op. com. en un acte. 1 »
LE PARDON DE PLOERMEL, opéra-comique en trois actes. 1 »
PAUL ET VIRGINIE, opéra en trois actes. . . . . . 1 «
PEINES D'AMOUR PERDUES, comédie lyrique en quatre actes. . . . . 1 »
PHILÉMON ET BAUCIS, opéra-comique en deux actes. . 1 »
LA REINE DE SABA, opéra en cinq actes. . . . . . 1 »
ROMÉO ET JULIETTE, opéra en cinq actes . . . . . 1 »
LES SABOTS DE LA MARQUISE, opéra-comique en un acte. 1 »
LES SAISONS, opéra-comique en trois actes. . . . . 1 »
LA STATUE, opéra-comique en trois actes . . . . . 1 »
VALENTINE D'AUBIGNY, opéra-comique en trois actes . 1 »

IMPRIMERIE GÉNÉRALE DE CHATILLON-SUR-SEINE, JEANNE ROBERT.

PSYCHÉ

OPÉRA EN QUATRE ACTES

PAR

JULES BARBIER & MICHEL CARRÉ

MUSIQUE DE

AMBROISE THOMAS

NOUVELLE ÉDITION

CONFORME A LA REPRÉSENTATION

PARIS
CALMANN LÉVY, ÉDITEUR
ANCIENNE MAISON MICHEL LÉVY FRÈRES
RUE AUBER, 3, ET BOULEVARD DES ITALIENS, 15
A LA LIBRAIRIE NOUVELLE

—

1878

PERSONNAGES

PSYCHÉ	Mmes	HEILBRON.
EROS		ENGALLY.
DAFNÉ		DONADIO-FODOR.
BÉRÉNICE.		IRMA MARIÉ.
MERCURE	MM.	MORLET.
LE ROI.		BACQUIÉ.
LE BERGER HYLAS		CHENEVIÈRE.
SEIGNEURS		PRAX. COLLIN.

VÉNUS . . . . . ZÉPHIRE . . . . LA NUIT . . . . UNE MATRONE . UNE FURIE . . .	Personnages muets.

HOMMES, FEMMES, ENFANTS, ESCLAVES, COMÉDIENS, BERGERS, NYMPHES ET DIEUX.

S'adresser à MM. HEUGEL et fils, éditeurs du *Ménestrel*, 2 *bis*, rue Vivienne pour la nouvelle partition de *Psyché*, mise en scène, dessins des costumes et décors

---

PSYCHÉ

ACTE PREMIER

A droite, un temple; à gauche, un bois de myrtes et d'oliviers.
Au fond, la mer.

SCÈNE PREMIÈRE

HOMMES, FEMMES et ENFANTS, prosternés devant les portes du temple.

CHŒUR

Vénus, fille de l'onde,
Souveraine du monde,
Indulgente divinité!...
Prends pitié de nos larmes,
Dissipe nos alarmes,
O Vénus, reine de beauté!

SCÈNE II

LES MÊMES, LE ROI, DAFNÉ, BÉRÉNICE,
puis PSYCHÉ.

LE ROI.

Amis, calmez vos craintes;
Faites taire un moment vos soupirs et vos plaintes!
Comme vous en ces lieux,
Nous venons humblement demander grâce aux dieux:
Et mes filles bien-aimées
Vont au pied des autels déposer sous leurs yeux
Leurs offrandes parfumées.

Psyché paraît suivie de deux jeunes filles portant des corbeilles pleines de fleurs. La foule, à sa vue, s'écarte avec respect.

LE CHOEUR.

Vénus pour nous descend des cieux!
O prodige!... O bonté suprême!...
C'est Vénus, Vénus elle-même,
Qui daigne apparaître à nos yeux!

BÉRÉNICE, bas à Dafné.

Entendez-vous!...

DAFNÉ, avec dépit.

Ah! quel blasphème!
La voilà mise au rang des dieux!...

On s'empresse autour de Psyché étonnée. On baise les plis de son manteau, on sème les fleurs sous ses pas.

LE CHOEUR.

Vénus, fille de l'onde,
Souveraine du monde,

Indulgente divinité,
Prends pitié de nos larmes,
Dissipe nos alarmes
O Vénus, reine de beauté!

PSYCHÉ, souriant.

Qui? moi, Vénus?... ma bouche à regret le confesse,
Je ne suis pas la déesse;
Gardez vos présents,
Gardez votre encens!
Psyché n'est comme vous qu'une simple mortelle.

LE CHOEUR.

Que dit-elle?
Vénus pourtant n'est pas plus belle!

PSYCHÉ.

Ah! si j'avais jusqu'à ce soir
Ton divin pouvoir,
O Vénus, je rendrais l'espoir
A tout un peuple qui t'implore.
Le pardon des dieux
Descendrait des cieux.
Avant la prochaine aurore,
Daigne vers ces lieux
Abaisser les yeux,
O reine des cieux!
Permets aux roses d'éclore!
Rends-nous le chant des oiseaux!
Dans l'herbe et dans les roseaux
Conduis des calmes ruisseaux
Le flot limpide et sonore!
Souris aux blondes moissons!
Commande aux brises légères
De rendre au chœur des bergères
Danses et chansons!

LE CHŒUR.

Daigne vers ces lieux
Abaisser les yeux,
O Vénus, reine des cieux !

Le roi et Psyché entrent dans le temple, suivis de la foule.

SCÈNE III

BÉRÉNICE, DAFNÉ.

BÉRÉNICE.

Eh bien ! vous le voyez, on la traite en déesse !
C'est Vénus qui descend des cieux !

DAFNÉ.

Sur ses pas la foule se presse !
Et d'elle seule attend l'indulgence des dieux !

BÉRÉNICE.

On la dit la plus belle !

DAFNÉ.

On la croit sans égale !

BÉRÉNICE.

Patience, ma sœur !... par un brusque retour,
Tant de gloire a parfois quelque suite fatale !

DAFNÉ.

Il est vrai que Vénus pourrait bien quelque jour
Punir l'orgueil de sa rivale !...

Musique lointaine.

BÉRÉNICE.

Écoutez !...

DAFNÉ.

Des pêcheurs se dirigent vers nous !

BÉRÉNICE.

Sous cet ombrage épais fuyons les yeux jaloux.

Elles disparaissent sous les arbres.

SCÈNE IV

LA VOIX D'EROS.

O Neptune,
Dieu des mers,
O Zéphire, roi des airs,
Sauvez des flots amers,
Eros et sa fortune!...
Et vous, ô tritons, sous l'onde endormis,
Guidez-nous gaîment vers ces bords amis!

Une barque paraît au fond, portant Eros et Mercure. Eros saute lestement sur le rivage. Il porte les habits d'un esclave phrygien. Mercure le suit.

SCÈNE V

EROS, MERCURE.

MERCURE.

Remerciez Zéphire et son haleine,
Nous sommes arrivés. — Voici devant nos pas
Et le temple et le bois d'oliviers; — et là-bas
Les blancs palais de Mytilène!

EROS.

— C'est là que vit Psyché!

MERCURE.

L'insolente Psyché
Dont Vénus veut punir la beauté criminelle!

EROS.

Est-ce donc à ses yeux un crime d'être belle!

MERCURE.

Le trait dont son cœur est touché
Nous atteint avec elle,
Et votre mère peut s'en fier à mon zèle!...
Des dieux je suis le messager,
Je suis Mercure!
Souvent, par une nuit obscure,
Sur terre, on m'a vu voyager
D'un pied léger!
Qu'il pleuve, qu'il vente ou qu'il tonne,
Rien ne m'émeut, rien ne m'étonne;
Des dieux je suis le messager!
Ami du mystère,
Des dieux indiscrets
Je sais maints secrets
Qu'ils n'ont pas su taire!
D'Apollon confus,
J'ai volé les armes;
Ma voix par ses charmes
Endormit Argus!
Pour parler aux belles,
Et plaire en son nom,
L'époux de Junon
M'a donné des ailes!
Comme un valet de comédie,
Quelquefois même il m'expédie
Chez quelque mortelle aux doux yeux,
Maîtresse du maître des dieux!
A ses exploits je m'associe,
Et pour servir sa passion,
J'emprunte les traits de Sosie,
Comme lui ceux d'Amphitryon!...

Pour parler aux belles,
Et plaire en son nom,
L'époux de Junon
M'a donné des ailes.
Des dieux je suis le messager,
Je suis Mercure.
Souvent, par une nuit obscure,
Sur terre on m'a vu voyager
D'un pied léger!
Qu'il pleuve, qu'il vente ou qu'il tonne,
Rien ne m'émeut, rien ne m'étonne,
Des dieux je suis le messager.

EROS.

Enfin que feras-tu pour seconder ma mère?

MERCURE.

La tempête a jeté la terreur en ces lieux;
Le roi lui-même vient demander grâce aux dieux.
Interprète de leur colère
Mercure, sous les traits du grand-prêtre caché,
Va prononcer l'arrêt qui condamne Psyché!

EROS.

Oui... si je ne viens à son aide!

MERCURE.

Plaît-il?... Quel transport vous possède?
En seriez-vous épris?...

EROS.

Moi!... je ne sais;
Mais tout ce qu'on en dit, sa beauté, sa jeunesse,
Cette fureur d'une déesse
Qui s'épuise contre elle en projets insensés,
Tout dispose mon cœur à l'aimer, je l'avoue,
Et je la sauverai de vos embûches!...

MERCURE.

Bien!
Au courroux de Vénus imprudent qui se joue.

EROS.

Plus imprudent encor qui se joûrait au mien!

MERCURE.

Est-ce un défi?

EROS.

Soit.

MERCURE.

A merveille!...
Vous entendrez parler de nous!

EROS.

Va!... Que Minerve te conseille.

MERCURE.

Gardez ses bons avis pour vous!

Mercure entre dans le temple.

SCÈNE VI

EROS, *seul.*

O toi, qu'on dit plus belle
Que Vénus aux doux yeux
Imprudente mortelle,
Que condamnent les dieux,
Psyché, c'est pour te voir que je descends des cieux!

Leur fureur même éveille
Mes désirs curieux;

La pitié me conseille
Et me guide en ces lieux...
Psyché, pour te sauver, Eros descend des cieux!

Regardant au fond.

Mais qui vient là?... C'est elle!

Psyché descend lentement les degrés du temple.

SCÈNE VII

EROS, PSYCHÉ.

EROS, *à part.*

O charmante merveille!
O candeur adorable!.. O grâce sans pareille!

PSYCHÉ, *à part.*

Quel est cet étranger?...

EROS.

Ne daignerez-vous pas
Un moment arrêter vos pas
Et d'un esclave accepter l'humble hommage,
Vous que les dieux jaloux salûraient au passage,
Vous dont le doux sourire a soumis à vos lois
Toute une cour de princes et de rois?...

PSYCHÉ, *à part.*

Étrange regard qui porte en mon âme
Un soudain émoi!
L'éclair de ses yeux est comme une flamme
Qui se glisse en moi!

EROS, *à part.*

Sa voix est un charme et laisse en mon âme
Un étrange émoi!
Son regard me brûle et me rend la flamme

Qui lui vient de moi!...

Après un silence.

Et je verrais ma mère attenter à sa vie!...
Non!

PSYCHÉ.

Que dis-tu?

EROS.

Je dis que les dieux indiscrets
Devant moi, par l'un d'eux, ont trahi leurs secrets,
Que Vénus même porte envie
A l'éclat de votre beauté,
Et que ce jour vous deviendra funeste
Si quelque appui céleste
Ne vous soustrait à son bras irrité!...

Le jour s'est obscurci. — On entend gronder le tonnerre.

PSYCHÉ.

Grands dieux!... Le ciel semble t'entendre!

EROS, à part.

Oui!... mais Eros est là qui saura te défendre!...

PSYCHÉ.

D'effroi saisi
Mon cœur frissonne!

EROS.

Qu'elle est belle ainsi!

PSYCHÉ.

O Vénus, pardonne!

EROS.

Qu'elle est belle ainsi!

PSYCHÉ.

Pardonne, ô Vénus, pardonne!

Elle tombe au pied du petit autel.

ENSEMBLE

EROS, à part.

Quels transports inconnus
S'emparent de mon être!
O ma mère! O Vénus!
Quelle ardeur me pénètre!
Je ne me connais plus!

PSYCHÉ, à part.

Quels frissons inconnus
Parcourent tout mon être!
A tes pieds, ô Vénus!
Quel trouble me pénètre!
Je ne me soutiens plus!

O nuit menaçante!... ô funeste orage!

EROS.

Reprends ton courage!

A part.

Belle enfant,
Un dieu te défend!

PSYCHÉ.

Pardonne! ô Vénus! pardonne!
De bon cœur,
Tiens, je te donne
Chaque fleur
De ma couronne!

Elle effeuille sa couronne au pied de l'autel.

ENSEMBLE

EROS.

Quels frissons inconnus
S'emparent de mon être!
O ma mère, ô Vénus,
Quelle ardeur me pénètre
Je ne me connais plus.

PSYCHÉ.

Quels frissons inconnus
Parcourent tout mon être!
A tes pieds, ô Vénus
Quel trouble me pénètre!...
Je ne me soutiens plus!

SCÈNE VIII

LES MÊMES, LE CHŒUR, LE ROI, GORGIAS, ANTINOUS, BÉRÉNICE, DAFNÉ.

LE CHŒUR.

Entendez-vous
Gronder sur nous
La voix des dieux en courroux!
Quel voile sombre
Nous couvre de son ombre!
C'est fait de nous!

Mercure paraît sur le seuil du temple sous les habits du grand prêtre.

SCÈNE IX

LES MÊMES, MERCURE.

MERCURE.

Du puissant Jupiter voici l'arrêt suprême...

EROS, à part.

Psyché, je t'aime!...

MERCURE.

Pour apaiser des grands dieux
La colère funeste,
Pour écarter de ces lieux
Et le deuil et la peste,
Et tous les maux vomis par les enfers,
Qu'une victime jeune et belle
Soit, par vous, dans l'ombre éternelle
Plongée au sein des flots amers!...

LE CHOEUR.

Cette victime, hélas!... qui donc est-elle?

MERCURE.

Psyché!

LE CHOEUR.

Psyché!

LE ROI.

Ma fille!

PSYCHÉ.

O dieux!

LE ROI.

O loi cruelle!

LE CHOEUR.

Du ciel, contre nous courroucé,
L'arrêt fatal est prononcé!
Hélas! infortunée!
C'en est fait! à la mort, les dieux t'ont condamnée!

PSYCHÉ.

Ah! c'en est fait! je meurs!

EROS, à part.

Enfant, sèche tes larmes,
Apaise tes alarmes;
Eros t'a réservée à des destins meilleurs!

Il disparaît.

MERCURE, descendant les degrés du temple suivi des prêtres de Vénus.

Respectons des grands dieux la puissance immortelle!

LE CHOEUR.

Respectons des grands dieux la puissance immortelle!

MERCURE.

Psyché leur appartient!...

LE ROI, avec effroi.

Ma fille!... ô loi cruelle!...

Le tonnerre éclate avec fraças. La foule épouvantée se presse autour de Psyché.

LE CHOEUR.

Entendez-vous
Gronder sur nous
La voix des dieux en courroux!
Quel voile sombre
Nous couvre de son ombre!
C'est fait de nous!
Il faut obéir aux dieux en courroux!

MERCURE, désignant Psyché.

Il faut obéir aux dieux en courroux!
Qu'on la saisisse et qu'on l'entraîne!

PSYCHÉ.

Hélas! hélas!

MERCURE.

Prière vaine!...

Les prêtres de Vénus s'emparent de Psyché et la conduisent au fond du théâtre, sur un rocher élevé.

LA VOIX D'EROS.

A moi, Zéphire!
Dans mon empire,
Emporte-la!...

ZÉPHIRE, traversant les airs.

Me voilà!

Une partie du rocher s'écroule; Zéphire reçoit Psyché dans ses bras et l'emporte dans les airs.

LE CHOEUR.

O surprise nouvelle!
C'est elle
Que Zéphire emporte à travers
Les airs!...

LA VOIX D'EROS, pendant que Psyché traverse la scène emportée par Zéphire.

Va, sur ton aile,
Messager fidèle,
Emporte ma belle
A travers
Les airs!...
Verse la flamme
En sa jeune âme!
Et découvre à ses yeux
L'éclat des cieux!

LE CHOEUR.

O surprise nouvelle!
C'est elle
Que Zéphire emporte à travers
Les airs!

ACTE DEUXIÈME.

Les jardins du palais d'Eros.

SCENE PREMIÈRE

CHŒUR DE NYMPHES.

Elles entrent en scène.

Quoi! c'est Eros lui-même
Qui soupire d'amour!
Le dieu par qui tout aime
Aime donc à son tour!

UNE NYMPHE.

Il raillait nos larmes,
Le pauvre insensé!
De ses propres armes
Le voilà blessé!

LE CHŒUR.

Est-elle donc si belle,
Cette Vénus nouvelle
Dont son cœur est touché?

LA NYMPHE.

Les peuples de la Grèce

La saluaient déesse!
C'est la jeune Psyché!

LE CHOEUR.

Quoi! c'est Eros lui-même
Qui soupire d'amour!
Le dieu par qui tout aime,
Aime donc à son tour!

LA NYMPHE.

Silence!
Eros s'avance!

LE CHOEUR.

Silence!

SCÈNE II

EROS, LES NYMPHES.

EROS.

Salut! divinités des champs et des forêts!

LE CHOEUR.

Nous quittons à ta voix nos refuges secrets.

EROS.

O nymphes! en ces lieux j'attends une mortelle:
Entourez-la de toutes les splendeurs;
Que la nature même à ses yeux soit plus belle!
Chantez, oiseaux! volez, zéphyrs! clarté, ruisselle!
Fleurs, épanchez vos plus douces odeurs!
O palais enchanté que j'ai choisi pour elle,
Embellis-toi de toutes les splendeurs!

LE CHOEUR.

Que ta Psyché paraisse,

Et nous obéissons;
Pour reine et pour maîtresse,
Nous la reconnaissons.

EROS.

Pourtant, gardez-vous de paraître
Aux yeux de Psyché!
C'est par moi qu'elle doit connaître
Son destin caché.

LE CHŒUR.

Dirigeons vers elle
Notre essor joyeux;
Zéphire sur son aile
L'apporte en ces lieux.

Le chœur de nymphes s'éloigne. Mercure paraît.

SCÈNE III

EROS, MERCURE.

EROS.

Mercure!

MERCURE.

En personne!... Mercure
Dont les oracles ingénus
Prévoyaient mal la fin d'une aventure
Qui l'a fait tancer par Vénus.

EROS.

Ma mère est irritée?

MERCURE.

« O fils ingrat... » C'est elle
Qui m'a tenu ce discours: « Oses-tu

» Défendre contre moi cette indigne mortelle,
» Et toi-même élever sur mon temple abattu
» Les autels insolents d'une Vénus nouvelle ! »

EROS.

Croit-elle donc que son pouvoir
M'impose une éternelle entrave
Et me condamne au seul devoir
D'obéir en esclave?...

MERCURE.

Il est vrai!...

EROS.

C'est le droit des dieux que je défend,
Et je ne suis plus un enfant!...

MERCURE.

Hélas! c'est justement ce point-là qui nous blesse!...

Simple mortelle ou déesse,
Une femme ne confesse
Jamais les ans révolus;
Et les enfants de votre âge
Sont un fâcheux témoignage
De quelques printemps de plus.
Vénus, comme une bergère,
Y fait un peu de façon;
Et la reine de Cythère
En secret se désespère
D'avoir un si grand garçon!

EROS.

Sa beauté cependant brave les ans rapides.

MERCURE.

Même aux yeux les plus candides,
Les fils tiennent lieu de rides
Que ne peut cacher le fard;

Hébé, voici bien le pire,
N'a pu s'empêcher de rire
En lui versant le nectar!
La crainte d'être grand' mère
Donne à Vénus le frisson!
Et la reine de Cythère
En secret se désespère
D'avoir un si grand garçon!

EROS.

Qu'exige-t-elle enfin, et quel est ton message?

MERCURE.

Elle veut, pour tenir caché
Cet amour qui l'outrage,
Que vous dérobiez à Psyché
Votre nom et votre visage.

EROS.

Quel est ce caprice?... et comment
L'exaucer?...

MERCURE.

La nuit secourable,
Au moindre signe, a fait serment
De vous couvrir d'un voile impénétrable.
Vous souriez?...

EROS.

Oui!... le désir
Inassouvi profite à l'amour même
L'accent d'Eros suffira pour qu'on l'aime,
Et la loi de Vénus lui devient un plaisir!

MERCURE, avec menace.

Si cependant Psyché pénètre
Le mystère de ses amours,
Si son regard parvient à vous connaître,
Elle vous perdra pour toujours!

EROS.

Soit!...

MERCURE.

Et si vous cherchiez, dàns votre ardeur fidèle,
A rapprocher vos cœurs séparés par le sort,
Un seul baiser reçu par elle
Deviendrait son arrêt de mort!

EROS.

C'est beaucoup demander!... Mais je ferais injure
Au cœur de ma Psyché par un doute jaloux!

MERCURE, avec une grande solennité.

Vous jurez d'observer cette loi?

EROS.

Je le jure!

MERCURE.

Par le Styx?

EROS.

Par le Styx!... C'est elle!... Éloignons-nous.

Ils sortent. — Les nymphes accourent de tous côtés.

SCÈNE IV

LES NYMPHES, puis PSYCHÉ.

LE CHOEUR DES NYMPHES.

Psyché, sois sans crainte!
Marche d'un cœur libre et sans vain effroi
Vers la douce étreinte
D'un époux qui t'aime et se donne à toi!

Les nymphes se cachent derrière les arbres. Psyché paraît au fond.

PSYCHÉ.

Qui me parle? où suis-je?
O divin prodige!

Un chant mélodieux a traversé les airs !...
Je rouvre la paupière et renais à la vie !
Je me lève, et d'un chœur invisible suivie,
Je marche en ces jardins déserts !

LE CHŒUR, caché.

Psyché, sois sans crainte !
Marche d'un cœur libre et sans vain effroi
Vers la douce étreinte
D'un époux qui t'aime et se donne à toi !

PSYCHÉ.

Un époux ! Quel est-il ? j'ai peine à vous comprendre !
Parlez !...

Elle écoute, le chœur se tait.

Ces douces voix ne se font plus entendre !

Ah ! malgré moi,
J'ai peur, je croi !
Un époux ! je tremble
Et je ris tout ensemble.
Est-ce de frayeur
Que bat mon cœur ?
En vain je l'écoute
Et le sens bondir ;
Il bat... mais je doute
Si c'est de crainte ou de plaisir.
Le soleil me caresse ;
L'air m'enivre... et je sens
Une profonde ivresse
Pénétrer tous mes sens...
Ah ! malgré moi,
J'ai peur, je croi !
Un époux ! je tremble !
Et je ris tout ensemble.
Est-ce de frayeur
Que bat mon cœur ?

En vain je l'écoute
Et le sens bondir!
Il bat... mais je doute
Si c'est de crainte ou de plaisir.

LE CHOEUR, invisible.

Il vient! c'est lui, brillant de la beauté des dieux!

PSYCHÉ.

Je n'ose, hélas! lever les yeux,

SCÈNE V

PSYCHÉ, EROS.

Au moment où paraît Eros, une nuit soudaine envahit la scène.

PSYCH...

Grands dieux! quelle nuit m'environne?...

EROS.

Psyché!...

PSYCHÉ.

Qui m'appelle?

EROS.

Un époux!

PSYCHÉ.

Un époux!

EROS.

Qui vous donne
Son cœur... et tombe à vos genoux!...
Vous fais-je peur?

PSYCHÉ.

Non!... mais encore,
Daignerez-vous paraître aux regards de Psyché?

EROS.

Les dieux, jaloux du feu qui me dévore,
Ordonnent qu'à ses yeux je demeure caché.

PSYCHÉ.

Quoi! cette nuit soudaine...

EROS.

Obéit aux dieux même!...
Dans son voile elle emporterait
Mon bonheur... avec mon secret!...
Mais qu'importe la nuit, Psyché, si je vous aime,
Si vous m'aimez!...

PSYCHÉ.

Hélas!
Puis-je donc vous aimer ne vous connaissant pas!

EROS.

Vos yeux n'ont-ils pas vu dans le divin mensonge
De quelque songe
Un jeune homme radieux,
Fier et semblable aux dieux?
Son front n'avait rien de farouche,
Et jusqu'au jour
S'exhalaient de sa bouche
Des mots d'amour!

PSYCHÉ.

Oui!

EROS.

C'était moi!

PSYCHÉ.

Vous!

EROS.

Moi!...

PSYCHÉ.

Ah ! je tremble !

EROS.

Pourquoi ?...

Il lui prend la main.

Et quand vos pas le soir erraient à l'aventure
Dans l'ombre obscure
Sous les myrtes que le vent
Agitait doucement,
N'avez-vous pas senti la brise
Vous caresser,
Si douce qu'on l'eût prise
Pour un baiser ?

PSYCHÉ.

Oui !

EROS.

C'était moi !

PSYCHÉ.

Vous !

EROS.

Moi !

PSYCHÉ.

Ah ! je tremble !

EROS.

Pourquoi ?

L'entourant de ses bras.

Enfin, quand un peuple en délire
Voulait vous livrer au trépas,
Ce sauveur inconnu qui vous prit dans ses bras...

PSYCHÉ.

Eh bien ?...

EROS.

Faut-il le dire ?...

PSYCHÉ.

Dieux !

EROS.

C'était moi !

PSYCHÉ.

Vous?

EROS.

Moi !

PSYCHÉ.

Ah! je n'ai plus d'effroi!

EROS.

Oui, Psyché, c'était moi !

PSYCHÉ.

Mais qui donc êtes-vous ?

EROS.

Je vous le dis encore,
Un époux qui vous adore.

PSYCHÉ.

Votre nom? je le veux !

EROS.

Hélas !

PSYCHÉ.

Je le veux; répondez !

Eros garde le silence.

Ah ! vous ne m'aimez pas !

EROS, *saisissant la main de Psyché.*

O Psyché ! peux-tu te méprendre
A la tendresse de ma voix ?

PSYCHÉ, à part.

Oui, son accent est doux et tendre,
Et sa main tremble sous mes doigts.

EROS.

Je t'aime !...

PSYCHÉ, à part.

D'une ardeur nouvelle
Je sens mes veines s'embraser.

EROS, lui baisant la main.

Je t'aime!...

PSYCHÉ, à part.

Ah! je me sens plus belle
Sous le charme de son baiser!

EROS.

O feu divin que rien n'altère!
Je porte en ce cœur radieux
Tous les amours de la terre
Et tous les amours des cieux!

PSYCHÉ.

O feu divin! profond mystère!
Nuit sombre où s'égarent mes yeux!
Suis-je encore sur la terre?
Suis-je déjà dans les cieux?

Eros tombe aux genoux de Psyché.

PSYCHÉ, le relevant.

Que fais-tu? mon sauveur! mon maître!
Pourquoi tomber à mes genoux?

EROS.

Quoi! sans chercher à le connaître,
Tu consens à suivre un époux!

PSYCHÉ, enivrée.

Je t'aime !...

EROS.

Quoi ! tu me pardonnes
L'arrêt que les dieux ont porté !

PSYCHÉ.

Je t'aime !...

EROS.

Ah ! Psyché ! tu me donnes
Bien plus que l'immortalité !

ENSEMBLE

EROS.

O feu divin que rien n'altère !
Je porte en ce cœur radieux
Tous les amours de la terre ?
Et tous les amours des cieux !

PSYCHÉ.

O feu divin ! profond mystère !
Nuit sombre où s'égarent mes yeux !
Suis-je encore sur la terre ?
Suis-je déjà dans les cieux ?

EROS.

Parle donc en reine,
De ces lieux charmants sois la souveraine ;
Fêtes et plaisirs
Sauront devancer jusqu'à tes désirs...
Quand Phœbé dans les cieux aura jeté ses voiles
Brillants d'étoiles,
A tes genoux je reviendrai...

PSYCHÉ.

Sans effroi, je vous attendrai !

EROS, s'arrachant des bras de Psyché.

Adieu ! je reviendrai !...

Il s'éloigne. Le jour reparaît.

SCÈNE VI

PSYCHÉ, MERCURE.

PSYCHÉ.

Ciel! disparu!...

Apercevant Mercure.

Que vois-je?

MERCURE.

Un esclave docile,
Argur, chargé du soin de vos plaisirs!
Le zèle lui sera facile
Pour satisfaire à vos désirs.

PSYCHÉ.

Peux-tu me dire?...

MERCURE.

Tout. — Hors le mot du mystère
Que vous voulez savoir et que je dois vous taire.

PSYCHÉ.

Tu peux donc t'éloigner!...

MERCURE.

Vous me chassez! — Eh quoi!
Ne souhaitez-vous rien? — pas même de connaître
Ce palais enchanté soumis à votre loi?
D'y recevoir... vos sœurs peut-être?

PSYCHÉ.

Aurais-tu le pouvoir de les conduire ici?

MERCURE.

J'ai prévenu votre souci.

Zéphire, comme à vous, leur a prêté ses ailes,
— Regardez !... les voici !

A part.

Je peux me reposer sur elles !

Il s'éloigne.

SCÈNE VII

PSYCHÉ, DAFNÉ, BÉRÉNICE.

BÉRÉNICE.

Où sommes-nous ?

PSYCHÉ.

Mes sœurs ! — ne me voyez-vous pas ?

BÉRÉNICE et DAFNÉ.

Psyché !

PSYCHÉ.

Votre Psyché que les dieux ont sauvée
Et qui vous presse dans ses bras !

BÉRÉNICE et DAFNÉ.

O surprise ! à nos yeux par Vénus enlevée
Vous étiez vouée au trépas !

PSYCHÉ.

Non ! — j'échappais à sa colère
Par le tendre secours d'un amant, d'un époux !

BÉRÉNICE et DAFNÉ.

Un époux !...

PSYCHÉ.

Dont le cœur ne songe qu'à me plaire
Et brave les destins jaloux !
Voyez ! — je suis ici souveraine maîtresse !
Et la présence de mes sœurs

Aux doux gages de sa tendresse
Ajoute encor mille douceurs!

BÉRÉNICE.

Nous prenons part à votre joie: —
Mais quel est cet époux charmant
Que le ciel vous envoie?

DAFNÉ.

Vous vous taisez?...

PSYCHÉ.

Je l'ignore.

BÉRÉNICE et DAFNÉ.

Comment?

PSYCHÉ.

Notre bonheur, dit-il, dépend de son silence.

BÉRÉNICE.

Eh quoi!... d'un tel arrêt vous souffrez l'insolence?

DAFNÉ.

Est-il jeune?... est-il beau?... Vous le connaissez?

PSYCHÉ.

Non!

Il m'a caché ses traits aussi bien que son nom.

BÉRÉNICE.

Que dites-vous?

PSYCHÉ.

Le jour plus sombre,
A son approche, fuit dans l'ombre!

BÉRÉNICE.

C'est donc un monstre?...

PSYCHÉ.

Grands dieux!...

DAFNÉ.

Oui,

N'en doutez pas!... un monstre!...

PSYCHÉ.

Lui!

BÉRÉNICE.

Oui, vraiment! un monstre!

DAFNÉ.

Un monstre effroyable!

BÉRÉNICE.

Je le gagerais!

DAFNÉ.

J'en ferais serment!

BÉRÉNICE.

Se cacherait-il, s'il était aimable?

DAFNÉ.

Fuirait-il vos yeux, s'il était charmant?

BÉRÉNICE.

Il ment!

DAFNÉ.

Il ment!

BÉRÉNICE et DAFNÉ.

Il ment!

PSYCHÉ.

Il ment?

BÉRÉNICE.

De monstres affreux vous serez la mère!

DAFNÉ.

Pour vous-même un jour craignez leur fureur!...

BÉRÉNICE.

On vous maudira par toute la terre!

DAFNÉ.

Vous serez au monde un objet d'horreur!

BÉRÉNICE.

Suivez nos conseils...

DAFNÉ.

Percez ce mystère...

BÉRÉNICE.

Sans attendre un jour...

DAFNÉ.

Sans perdre un moment!

BÉRÉNICE.

Il ment!

DAFNÉ.

Il ment!

BÉRÉNICE et DAFNÉ.

Il ment!

PSYCHÉ.

Il ment?

BÉRÉNICE.

Croyez-nous, Psyché...

DAFNÉ.

Vengez votre injure...

BÉRÉNICE.

Ne balancez plus...

DAFNÉ.

Conjurez le sort...

BÉRÉNICE.

Sachez le punir de son imposture...

DAFNÉ.

Tous les châtiments sont trop doux encor !

BÉRÉNICE.

La mort!

DAFNÉ.

La mort!

BÉRÉNICE et DAFNÉ.

La mort!

PSYCHÉ.

La mort?

BÉRÉNICE.

Ce soir, près de vous, faites qu'il demeure...

DAFNÉ.

Qu'il cède au sommeil par l'amour trompé...

BÉRÉNICE.

Qu'un flambeau soit prêt... profitez de l'heure...

DAFNÉ.

Armez votre main d'un fer bien trempé!

BÉRÉNICE.

Et s'il a menti...

DAFNÉ.

C'en est fait! qu'il meure!

BÉRÉNICE.

Pas de lâcheté!

DAFNÉ.

Pas de vain remord!

BÉRÉNICE.

La mort!

DAFNÉ.

La mort!

BÉRÉNICE et DAFNÉ.

La mort!

PSYCHÉ.

La mort? —
Non! — cela ne peut être!
Non! — C'est plutôt un dieu! — Vous le pourrez connaître.
Par mon pouvoir... par mon bonheur!...
— Des plaisirs dont il m'environne,
Des trésors qu'il me donne,
Je veux vous faire honneur!...

BÉRÉNICE.

Soit!... On vous croit.

DAFNÉ.

On ne désire
Que votre bien!

PSYCHÉ, appelant.

Argur!...

Argur paraît.

Que tout ici respire
Un air de fête et de splendeur!

Sur un signe de Mercure, les nymphes envahissent le théâtre et président aux apprêts d'un splendide festin.

On peut suppléer à ce jeu de scène par un changement à vue qui découvre les tables toutes servies et sépare l'acte en deux tableaux.

SCÈNE VIII

LES MÊMES, NYMPHES, et DEMI-DIEUX.

LE CHOEUR DES NYMPHES.

Du nard et du baume
Que le doux arôme
Parfume les airs!
O bruyants délires
Des voix et des lyres,
Formez vos concerts!

PSYCHÉ.

Bérénice, Dafné, prenez place à ma table!

BÉRÉNICE, bas.

Voyez cet air de gloire et ce regard vainqueur!

DAFNÉ, bas.

Elle vient d'épouser un monstre épouvantable!

PSYCHÉ, à part.

Ah! leur rire moqueur
Malgré moi glace mon cœur!

Psyché et ses sœurs prennent place au festin.

LE CHOEUR.

Du nard et du baume
Que le doux arôme
Parfume les airs!
O bruyants délires
Des voix et des lyres,
Formez vos concerts!

MERCURE, une coupe à la main.

Le vin par d'étranges charmes

Trompe nos cœurs et nos yeux;
En rires, il change nos larmes,
Il change les hommes en dieux ;
Son doux parfum ravit notre âme;
Nectar brûlant!... Présent des cieux!
Il verse en nous sa flamme,
Ses transports joyeux;
Il donne la folie aux sages;
Il donne la sagesse aux fous:
Il donne des jours sans nuages
Aux nouveaux époux.
Buvons! fêtons ce vieux vin,
Jus divin!

LE CHŒUR.

Buvons! fêtons ce vieux vin,
Jus divin!

MERCURE.

Bacchus éblouit d'un songe
Hommes et dieux tour à tour;
Il berce nos cœurs d'un mensonge;
Il ouvre notre âme à l'amour;
Fermons la porte aux soins moroses;
Chantons en chœur
Bacchus vainqueur,
Le front paré de roses
Et l'ivresse au cœur!
Le vin par d'étranges charmes
Trompe nos cœurs et nos yeux;
En rires, il change nos larmes,
Il change les hommes en dieux.
Son doux parfum ravit notre âme;
Nectar brûlant!... Présent des cieux!
Il verse en nous sa flamme,
Ses transports joyeux!
Il donne la folie aux sages;

Il donne la sagesse aux fous;
Il donne des jours sans nuages
Aux nouveaux époux.
Buvons! fêtons ce vieux vin,
Jus divin!

LE CHŒUR.

Buvons! fêtons ce vieux vin,
Jus divin!

Danse des nymphes pendant la reprise du chœur. — Le théâtre s'assombrit tout à coup.

PSYCHÉ, se levant, à part.

Ah! j'ai peur!

MERCURE.

Votre époux s'avance.

BÉRÉNICE, bas à Dafné.

Ma sœur, je la vois se troubler.

DAFNÉ.

Ma sœur, elle paraît trembler.

PSYCHÉ, à part.

Dieux! j'espère à la fois et je crains sa présence!

Aux nymphes.

Nymphes, chassez la nuit, et que soudain
Mille flambeaux éclairent ce jardin!

Le jardin s'illumine de tous côtés. — Un chœur de jeunes filles couronnées de roses et de myrtes paraît au fond, précédé par des joueurs de flûte.

CHŒUR.

Hymen! hyménée!
Sois favorable aux époux!
Que par toi leur soit donnée
Une heureuse destinée!

Écarte le sort jaloux,
Hymen! hyménée!

MERCURE.

C'est lui!

Eros paraît. Tous les flambeaux s'éteignent. Nuit profonde.

PSYCHÉ.

Grands dieux!

EROS, prenant la main de Psyché.

Psyché!

PSYCHÉ, à part.

Je tremble!

MERCURE.

Que Morphée assoupisse et les voix et les yeux!

Un demi-sommeil s'empare de tous les personnages.

EROS.

Nuit céleste qui nous rassemble!

PSYCHÉ.

Mes sœurs!

BÉRÉNICE et DAFNÉ, à moitié endormies.

Psyché!

PSYCHÉ.

Cruels adieux!

EROS.

Viens, ma Psyché! pourquoi ces larmes?
Plus de craintes! plus d'alarmes!
Mes pas guideront les tiens!
Moment plein de charmes!
Viens, ma Psyché! viens!

LE CHŒUR ENDORMI.

Hymen! hyménée!

Eros entraîne Psyché au milieu de tous les personnages endormis.

ACTE TROISIÈME

PREMIER TABLEAU

La chambre d'Eros. — Au fond, vers la droite, une large ouverture donnant sur les jardins et fermée en partie par une balustrade. — Un grand rideau de pourpre à demi soulevé masque cette ouverture. — A gauche, sur le second plan, un lit de repos entouré de rideaux qui forment alcôve. — Portes latérales. — Demi-obscurité.

SCÈNE PREMIÈRE

UNE MATRONE, LES NYMPHES, puis UNE FURIE *.

La matrone entre la première, par le fond du théâtre. — Elle tient à la main une lampe à deux becs. — La scène s'éclaire. — Les nymphes suivent la matrone et, obéissant à ses ordres, préparent la chambre nuptiale. — Quelques-unes étendent des tapis; d'autres disposent des fleurs. — Un troisième groupe agite en chantant des cassolettes pour parfumer l'air.

* Cette première scène peut être supprimée dans les théâtres qui n'auront pas de corps de ballet.

LE CHOEUR.

Chambre nuptiale,
Reçois les époux!
Que dans l'air s'exhale
Un parfum plus doux!
Nuit discrète et sombre,
Cache-les dans l'ombre
Aux regards jaloux!

Quelques nymphes apportent des objets de parure dont elles se parent; la matrone les examine et fait signe à deux nymphes de la suivre dans une chambre voisine. — Elle sort par la gauche; le théâtre s'obscurcit. — Une nymphe trouve auprès du lit de repos le manteau d'Eros et s'en affuble en prenant la pose du dieu.

LE CHOEUR, en riant.

C'est Eros!...

Une autre nymphe se couronne de fleurs dont l'arrangement imite la coiffure de Psyché.

LE CHOEUR.

C'est Psyché!...

La nymphe qui représente Eros semble faire une déclaration brûlante à celle qui représente Psyché.

LE CHOEUR.

Courage!... dites-nous
Les divines amours de ces jeunes époux!

Le nouvel Eros, après mille supplications, cherche à entraîner vers le lit nuptial la nouvelle Psyché qui fait mine de se défendre et le conjure de laisser voir son visage.

LE CHOEUR, riant.

Ah! ah! ah! ah!

Tout à coup, un fantôme parait sur le seuil de la porte de droite. — Les rires s'interrompent brusquement. — Les nymphes s'écartent avec terreur devant le spectre qui traverse lentement la scène, gagne le lit nuptial, se retourne et, soulevant son voile, laisse voir aux nymphes le visage pâle d'une des furies. — Le fantôme étend la main vers les rideaux qui se ferment et le cachent. — Le théâtre s'éclaire à l'entrée de la matrone qui reparaît sa lampe à la main et retrouve les nymphes frappées d'épouvante. — Les unes, par leurs gestes, les autres, par des mots entrecoupés, lui expliquent l'apparition dont elles viennent d'être témoins.

LE CHOEUR.

Je frémis!... je frissonne!...
Un spectre!... un spectre!... là!...
Alecto!... Tisiphone!...

La matrone leur fait signe qu'elles ont rêvé et va relever ellemême les rideaux du lit. — Le fantôme a disparu. — Les nymphes cherchent et regardent de tous côtés, tandis que la matrone avise le manteau dont s'est emparée l'une d'elles et le lui reprend en la tançant de son irrévérence. — Les nymphes, ne trouvant personne, finissent par se rassurer.

LE CHOEUR.

Non, rien!... un jeu de l'ombre!... Ah! ah! ah! ah!

Chambre nuptiale,
Reçois les époux!
Que dans l'air s'exhale
Un parfum plus doux!...

UNE NYMPHE, du fond de la scène, interrompant le chœur.

Silence, mes sœurs!... Ils viennent vers nous!

LE CHOEUR, en gagnant les portes latérales et à demi-voix.

Nuit discrète et sombre,
Cache-les dans l'ombre
Aux regards jaloux!

La matrone et les nymphes disparaissent. — La scène est replongée dans l'obscurité. — Après un moment, Eros paraît au fond avec Psyché. — Ils entrent. — Le grand rideau qui masque les jardins retombe derrière eux.

SCÈNE II

EROS, PSYCHÉ.

EROS.

Quel trouble secret t'agite,
O Psyché?... Ta main évite
De toucher la mienne, hélas!
Quel noir souci te dévore?
Qu'as-tu murmuré tout bas
Contre celui qui t'adore?...

PSYCHÉ.

J'ai peur!...
J'ai cru vainement dominer ma crainte;
Elle se réveille à la douce étreinte
Qui charme à la fois et glace mon cœur;
J'ai peur de la voix qui me dit : je t'aime!
J'ai peur de la nuit; j'ai peur de moi-même!
J'ai peur!

Ah! si mon époux lisait dans mon âme
Mes désirs secrets!...
Si ses yeux aux miens révélaient leur flamme,
Que je l'aimerais!...

Mouvement d'Eros.

La peur est permise au cœur d'une femme...
J'ai peur!...
J'ai cru vainement dominer ma crainte;
Elle se réveille à la douce étreinte
Qui charme à la fois et glace mon cœur!...

J'ai peur de la voix qui me dit : je t'aime!
J'ai peur de la nuit; j'ai peur de moi-même!
J'ai peur!

EROS.

Ah! vains détours! craintes vaines!
Désir fatal, insensé!
Une furie a versé
Son noir poison dans tes veines!...
Souviens-toi de Pandore entraînant sur ses pas
Tous les maux qu'assembla le maître du tonnerre!

PSYCHÉ.

Ah! mes sœurs ont dit vrai! Vous ne m'abusez pas
Par ce péril imaginaire!...

EROS.

Je te jure, ô Psyché!...

PSYCHÉ.

Vous me glacez d'effroi!
Vous me faites horreur!... Laissez-moi! laissez-moi!

Elle échappe à Eros et disparaît.

SCÈNE III

EROS, *seul.*

Non! ne la suivons pas... Elle veut me connaître,
Et faiblement déjà j'ai résisté.
Attendons! demain peut-être
Psyché me recevra d'un cœur moins irrité.

Sommeil, ami des dieux,
Délivre mon cœur de ses craintes vaines,

Apaise le feu qui brûle mes veines:
Sommeil, ami des dieux,
Viens me fermer les yeux!

Sommeil, descends des cieux!
Rends-moi ma Psyché plus charmante encore;
Pour la retrouver, c'est toi que j'implore;
Sommeil, descends des cieux,
Viens me fermer les yeux!

Il s'étend sur le lit de repos et s'endort. — Psyché reparaît et s'avance avec précaution.

SCÈNE IV

EROS, PSYCHÉ.

PSYCHÉ.

C'est en vain que j'écoute,
Je n'entends aucun bruit...
Il est parti, sans doute,
Et je suis seule dans la nuit.

EROS, endormi.

Hélas!...

PSYCHÉ.

Ah! c'est sa voix?

EROS.

Psyché!

PSYCHÉ.

J'entends à peine
Le bruit de son haleine.
Il dort... et c'est mon nom qu'il murmure en dormant.
O nuit! laisse tomber tes voiles!
Et qu'à la clarté des étoiles

Je le contemple un seul moment!
Je veux mourir en le nommant!

SCÈNE V

LES MÊMES, MERCURE, puis LA NUIT.

MERCURE, paraissant.

La nuit t'exauce!...

PSYCHÉ.

Dieux!...

A la voix de Mercure, le rideau du fond s'écarte et laisse voir le ciel étincelant d'étoiles.

MERCURE.

Les étoiles sans nombre
Étincellent dans l'ombre!...
La nuit même descend vers toi,
Et des rayons du ciel allume cette flamme
Qui va rendre le jour à tes yeux, à ton âme!
Prends et voi!

La Nuit sur son char, est descendue vers Psyché et lui présente une lampe allumée. Psyché prend la lampe. La Nuit disparaît. Psyché s'arrête en entendant le chœur.

CHOEUR LOINTAIN.

Hymen, hyménée,
Sois favorable aux époux!
Que par toi leur soit donnée
Une heureuse destinée!
Écarte le sort jaloux,
Hymen! hyménée!

PSYCHÉ, après un moment d'hésitation.

Non! dût le ciel vengeur m'écraser de ses coups,

Je veux le voir!

Elle s'approche d'Eros, éclaire son visage et laisse tomber la lampe.

Eros!

EROS, s'éveillant.

Psyché!

PSYCHÉ, se prosternant aux pieds d'Eros.

C'est vous!

EROS, avec douleur.

Ah! malheureuse!

Il disparaît. — Changement à vue.

DEUXIÈME TABLEAU

Le palais se change en un désert affreux, tristement éclairé par la lune.

SCÈNE VI

PSYCHÉ, seule, à moitié évanouie.

Eros! c'est toi! bonheur! délire!...
Voluptueux effroi!
Je ne vois plus que toi!...
Je suis dans tes bras!... J'expire!...
Oh! l'extase divine! oh! la douce clarté,
Qui brûle tout mon cœur, qui remplit tout mon être!
Je meurs à ce qui passe et je me sens renaître
Aux transports infinis de l'immortalité!...

Ne t'évanouis pas, amour, rêve enchanté!

Revenant à elle et regardant avec épouvante.

Eros!... où suis-je? O solitude affreuse!
O silence de mort!
Ah! je me souviens!... malheureuse!...
Eros! vois ma douleur! vois mon remords!...
Ah! viens! je t'implore,
Mon époux, mon maître, mon roi,
Mon dieu! viens! je t'adore!
Je me repens! viens! entends-moi!
C'est ta Psyché qui t'appelle!
Elle ne pleure pas sur elle!
Elle ne pleure que sur toi!
Viens! entends-moi!.
Réponds à ma voix éperdue!
Eros!...

UN ÉCHO LOINTAIN.

Eros!

PSYCHÉ.

Ah! dieux vengeurs! je suis perdue!

Elle tombe inanimée.

VARIANTE

Le troisième acte peut être réduit à un simple tableau par la suppression de tout ce qui précède la deuxième entrée de Psyché.

Dans cette version on voit Eros endormi au lever du rideau. — Psyché entre avec précaution en disant :

C'est en vain que j'écoute.

ACTE QUATRIÈME

Une place plantée d'arbres et entourée de cabanes rustiques. — Au fond, une rivière coulant sous des saules et bordée de roseaux. — Au milieu de la place, la statue du dieu Pan, ornée de festons et de guirlandes.

SCÈNE PREMIÈRE

JEUNES FILLES et **JEUNES GARÇONS**, dansant autour de la statue du dieu Pan, **BUVEURS**, attablés à l'ombre, **JOUEURS DE FLUTE ET DE CHALUMEAU**, debout sur des estrades, etc., puis le berger **HYLAS**.

INTRODUCTION

CHŒUR.

Accepte pour offrandes,
Dieu bon parmi les dieux,
Nos fruits et nos guirlandes,
Et nos refrains joyeux.

Le berger Hylas paraît au fond de la scène, jouant de la flûte.

Écoutez! c'est Hylas!

LES JEUNES FILLES *.

Hé! berger! l'on t'appelle!
Viens mêler ta voix à nos voix!
Viens chanter la saison nouvelle,
Qui rend leur honneur à nos bois!

Hylas descend en scène.

HYLAS.

L'aimable printemps ramène
Dans la plaine,
Zéphire avec les oiseaux;
Le navire sur le sable
Tend le câble
Qui le traîne vers les eaux.

Le troupeau dans l'herbe fraîche
Fuit la crèche,
Seul plaisir des longs hivers:
Le laboureur et le pâtre
Quittent l'âtre;
Les prés redeviennent verts.

Déjà de rayons parée,
Cythérée,
Des nymphes conduit les pas,
Et, folâtrant sur leurs traces,
Les trois Grâces
Décentes dans leurs ébats.

Le chœur divin en cadence
Suit la danse,
Tandis que l'ardent Vulcain
Souffle la forge qui fume,
Et qu'allume
Le cyclope au bras d'airain.

* Ce petit chœur et la chanson d'Hylas peuvent être supprimés.

C'est l'heure où sous sa toiture
De verdure,
Le dieu protecteur des champs
Attend, selon ses caprices,
Nos prémices,
Brebis ou chevreaux méchants.

UN JEUNE GARÇON, accourant du fond du théâtre.

Par le sentier poudreux qui traverse la plaine,
Amis, voici venir, courant à perdre haleine,
Les gais histrions
Que nous attendions.

Les comédiens paraissent au fond, précédés par une troupe de bacchantes vêtues de peaux de léopards, le front couronné de pampres et le thyrse à la main. Mercure est debout sur un char chargé d'oripeaux et de feuillage. Psyché, pâle et les cheveux dénoués, le visage couvert d'un voile sombre, s'avance en chancelant et se laisse tomber tristement sur un banc.

SCÈNE II

LES MÊMES, MERCURE, PSYCHÉ, LES COMÉDIENS.

MERCURE.

Fidèles compagnons qui suivez ma fortune,
Héros et demi-dieux que la soif importune,
Et que conduit ici l'espoir d'un bon festin,
Nous allons, vous pouvez m'en croire,
Rire et danser, manger et boire
A la barbe du Destin
Jusqu'au matin.

LE CHŒUR.

Buvons, chantons jusqu'au matin!

PSYCHÉ, à part.

Ah ! je succombe !... je suis morte !

MERCURE, sautant lestement hors de son char.

Et sentez-vous par là
Cette odeur de gala
Que le vent nous apporte !

LE CHOEUR DES COMÉDIENS, respirant bruyamment.

Oui, nous sentons par là
Une odeur de gala !

PSYCHÉ.

Ah ! je succombe ! je suis morte !

MERCURE.

Allez, amis !... buvez, chantez jusqu'au matin !
Pan vous aime,
C'est lui-même
Qui préside au festin !

LE CHOEUR.

Pan nous aime,
C'est lui-même
Qui préside au festin !

Ronde générale autour de la statue du dieu Pan.

Accepte nos offrandes,
Dieu bon parmi les dieux ;
Que les coupes soient grandes,
Et nous en boirons mieux ;
Parons-les de guirlandes,
Versons-y le vin vieux.

Les comédiens et les bergers sortent en dansant. — Mercure et Psyché restent seuls en scène.

SCÈNE III

MERCURE, PSYCHÉ.

MERCURE, *s'approchant lentement de Psyché. — A part.*

Maintenant, à nous deux !
De ce masque hideux,
Par l'enfer préparé pour venger ta rivale,
Tu connaîtras bientôt la puissance fatale !
Adieu, beauté, jeunesse, attraits divins !

PSYCHÉ, *pleurant.*

Hélas ! hélas ! cruels destins !

ENSEMBLE

MERCURE, *à part.*

O Vénus, es-tu contente ?
Vois ta rivale repentante,
Vois sa pâleur, son front confus
Et ses pieds nus !
Es-tu contente, ô Vénus ?

PSYCHÉ, *à part.*

O Vénus, es-tu contente ?
Vois ta victime repentante,
Vois ma pâleur, mon front confus
Et mes pieds nus !
Es-tu contente, ô Vénus ?

MERCURE, *touchant de son thyrse l'épaule de Psyché.*

Pâle et sans voix sur le bord du chemin
Tu gémissais... je t'ai tendu la main,
Et te voilà des nôtres...
Mais avant de suivre les autres,

Je crois à propos,
Ma belle,
D'éprouver ton zèle.

PSYCHÉ.

Comment ?

MERCURE.

De la parque Atropos,
C'est toi qui vas jouer le rôle tout à l'heure.

PSYCHÉ.

Hélas ! hélas !
Ne vois-tu pas
Que je souffre et que je pleure !

MERCURE.

Ton rôle est dans ta main... ton masque, le voici.

Il écarte son manteau et lui présente un masque de vieille femme, ridé et grimaçant.

Tu seras charmante ainsi !

Psyché pousse un cri d'effroi.

A quelque jeune amant as-tu peur de déplaire ?
Calme ta folle crainte, et pour me satisfaire,
Sous ce masque un moment
Cache ton front charmant.
As-tu peur de déplaire à quelque jeune amant ?

PSYCHÉ.

Va-t'en ! va-t'en !... je t'en supplie !

MERCURE, riant.

Ah ! ah ! ah ! ah !... quelle folie !

PSYCHÉ.

Ce masque moqueur
Me glace d'horreur
Jusqu'au fond du cœur !

MERCURE, à part.

O Vénus ! vois sa terreur !

Saisissant le bras de Psyché.

Allons, allons, ma belle,
Apprends à m'obéir !...
De ton humeur rebelle
Je saurai te guérir !...

PSYCHÉ, à part.

Hélas ! moi, jeune et belle,
Me faudra-t-il subir
Cette épreuve nouvelle ?
Non, non plutôt mourir !

MERCURE, levant son thyrse sur Psyché.

Assez de grimace !
Assez de façon !
Reprends ta raison !

PSYCHÉ.

Malgré ta menace
Je te brave en face !
Non ! non ! mille fois non !

Elle arrache le masque des mains de Mercure et le foule aux pieds avec colère.

SCÈNE IV

LES MÊMES, EROS.

EROS, arrachant le thyrse des mains de Mercure.

Holà ! l'homme au bâton !

PSYCHÉ.

Ciel !

MERCURE, à part.

Eros !

PSYCHÉ.

C'est sa voix !

EROS, à Psyché.

J'arrive à temps, je le vois,
Pour t'arracher à ce sauvage !...

PSYCHÉ, à part.

C'est sa voix ! mais, hélas ! ce n'est pas son visage !...

MERCURE, à part.

La peste soit du faux berger
Qui vient ici tout déranger.

EROS, à Psyché.

Je ne suis qu'un pauvre berger,
Mais j'accours pour te protéger.

PSYCHÉ, à part.

Que dois-je croire ? est-ce un berger ?
Est-ce Eros qui vient me venger ?

MERCURE, bas à Eros.

Vous oubliez votre promesse.

EROS, de même.

Non, je renonce à sa tendresse ;
Psyché m'a perdu pour toujours !
Mais je garde le droit de veiller sur ses jours.

ENSEMBLE

EROS.

Espère encor, ma belle,
Puisque ta voix m'appelle :
Malgré les coups du sort,
Ma belle, espère encor.

PSYCHÉ.

Ah! je suis encor belle,
S'il m'est resté fidèle!
Malgré les coups du sort,
Oui, je suis belle encor!

MERCURE, bas à Eros.

Songez, amant fidèle
Qui nous bravez encor,
Que désormais pour elle
Un baiser... c'est la mort!

Mercure s'éloigne et disparaît derrière les arbres.

SCÈNE V

EROS, PSYCHÉ.

PSYCHÉ.

Eros!

EROS.

Je ne suis pas Eros. — Sous cet ombrage
Je gardais mon troupeau... je t'ai vue en danger!...
Pour te sauver d'un lâche outrage
Il suffit d'un humble berger!

PSYCHÉ.

Un berger!

EROS, fait quelques pas pour s'éloigner.

Eh quoi! tu me quittes,
Sans écouter mon cœur reconnaissant?...
Tu détournes en frémissant
Tes yeux des miens!...

Elle veut prendre la main d'Eros qui la retire.

Cette main, tu l'évites?...

A part.

O vain songe!...

EROS, à part.

O mensonge!...

Il s'éloigne lentement et disparait.

SCÈNE VI *

PSYCHÉ seule, puis, MERCURE.

PSYCHÉ.

Il s'éloigne!... il me fuit!... ô honte! ô châtiment!
C'en est fait!... ma beauté flétrie
Éloigne pour jamais ce cœur qui m'a chérie!...

MERCURE, paraissant sous les habits d'un vieux devin.

Veux-tu donc regagner le cœur de ton amant?...
Veux-tu reprendre un infidèle?...

PSYCHÉ.

Tu m'écoutais?...

MERCURE.

Ta voix m'a su charmer.

PSYCHÉ.

Qui donc es-tu?

MERCURE.

Sans me nommer,
C'est le vieux devin qu'on m'appelle.
J'ai des secrets pour rendre belle,
Et des philtres pour faire aimer.

* Cette scène peut être supprimée, ce qui modifie ainsi la sortie de Psyché et la rentrée de Mercure :

PSYCHÉ.

O mensonge, a-t-il dit!... c'est lui!

Elle sort en courant.

MERCURE, reparaissant.

Eros triomphe encore et l'arrache à mon piége! etc.

PSYCHÉ.

Toi?

MERCURE.

Fais l'épreuve de mon zèle.

PSYCHÉ.

Hélas! celui que j'aime échappe à ton pouvoir.

MERCURE.

Fût-il au rang des dieux, il voudra te revoir.

PSYCHÉ.

Pour payer tes présents, ai-je donc la richesse?

MERCURE.

Tu me remercîras, le prodige accompli.
Prends!

Il présente à Psyché un flacon qu'elle prend en hésitant; à part :

A lui l'oubli!

Montrant la boîte de fard qu'il tient à la main.

A toi la vieillesse!

LA VOIX D'EROS, dans la coulisse.

Pour vaincre un époux bien-aimé,
La belle enfant qui l'a charmé
N'attend d'autre secours que de son amour même :
Elle n'a pas besoin de philtre pour qu'on l'aime!

PSYCHÉ.

O bonheur!

Elle jette le flacon.

MERCURE, réprimant un mouvement de colère.

Qu'as-tu donc?... Par la brise apporté,
Ce chant trouble ton cœur?...

PSYCHÉ.

C'est sa voix!... il m'appelle!

MERCURE, la retenant.

Arrête!... Et que ce fard, par les dieux enchanté,
Efface de tes pleurs la souillure mortelle!

Il lui présente la boite de fard qu'elle prend avec un mouvement de joie; mais, au moment de l'ouvrir, elle entend de nouveau la voix d'Eros et s'arréte.

LA VOIX D'EROS, dans la coulisse.

Elle regrette sa beauté;
Mais à son visage attristé
Les pleurs donnent encore une grâce nouvelle;
Elle n'a pas besoin de fard pour être belle!

PSYCHÉ, jetant la boite de fard.

Ah! c'est lui!... c'est Eros!...

Elle sort en courant.

SCÈNE VII

MERCURE seul.

Sombres divinités,
Voilà nos présents rejetés!

Il se dépouille avec colère de ses habits de vieux devin et reparaît sous son costume du premier acte.

Eros triomphe encore et l'arrache à mon piége!
Faut-il donc que partout son pouvoir la protége!

Après un silence.

Ah!... cette nuit, pourtant, lasse des coups du sort,
Assise dans l'ombre
Au bord du flot sombre,
Elle invoquait la mort!...
La mort! — à sa prière, ô déesse implacable,
Quitte l'Érèbe! — accours! — et vous, nymphes des eaux.

Monstres et dieux marins, endormis sur le sable,
Ou cachés parmi les roseaux,
Que votre douce voix, comme un chant de sirène,
L'attire au bord du fleuve, et l'appelle et l'entraîne
Au fond du gouffre obscur où je veux la cacher,
Et d'où nul désormais ne pourra l'arracher!...

Pendant cette évocation la nuit est venue peu à peu. Quelques nymphes couronnées d'herbes marines se montrent à demi parmi les roseaux et semblent guetter le retour de Psyché.

Elle vient! — la voici! — triste, désespérée
Et succombant sous le remord!...
Nymphes, dans les bras de la mort
Que par vos chants elle soit attirée!...

Il se cache derrière les arbres. Psyché reparaît.

SCÈNE VIII

PSYCHÉ, MERCURE, caché, NYMPHES, puis EROS.

PSYCHÉ.

Non! — Ce n'est pas Eros! — A ma voix il a fui!
C'est un berger! — Ce n'est pas lui!

LE CHŒUR DES NYMPHES.

Viens, Psyché! viens vers nous! nous t'offrons un asile
Impénétrable et sûr!...
Dans nos palais de cristal et d'azur
La vie est douce et le bonheur facile!

PSYCHÉ, remontant vers le fond comme attirée par la voix des nymphes.

Oui! j'obéis!... je cède, à votre voix docile!...
Nymphes qui m'appelez, merci!...
Me voici!... me voici!...
O fleuve, que ton onde

Immobile et profonde
Me reçoive... je meurs!... Sois contente, ô Vénus!
Eros ne m'aime plus!...

Elle s'élance vers le fleuve et va s'y précipiter, lorsque paraît Eros.

EROS, arrêtant Psyché.

Arrête!

MERCURE, à part.

Encore lui....

PSYCHÉ.

Laisse-moi!

EROS.

Quel délire!...
Pourquoi chercher la mort?

PSYCHÉ.

Pourquoi la redouter?
Elle est trop lente et je veux la hâter!...

EROS.

Non, à la vie encor tes yeux peuvent sourire!...

PSYCHÉ.

Quand le cœur d'Eros se retire,
Je n'ai plus rien à regretter!

EROS.

Cruelle! de ces flots je saurai t'écarter!

PSYCHÉ.

Que t'importe ma vie et pourquoi m'arrêter

MERCURE.

Voyez! le traître encore ici vient tout gâter!

PSYCHÉ, regardant fixement Eros.

Tu me trompes!... De mes larmes
Tu te fais un jeu!...

EROS, à part.

— O douleur qui me désarmes!
Haut à Psyché.
Suis-je donc un dieu!

PSYCHÉ.

C'est en vain que tu crois abuser ma tendresse!
Un autre a-t-il l'accent vainqueur
De cette voix enchanteresse
Dont le charme enivre mon cœur?...
— Ce cœur te voit!... Une clarté divine
Brille en tes yeux et fait pâlir le jour!...
C'est toi!... toi que je pleure et que mon cœur devine!
Et qui me fais mourir de douleur et d'amour!

EROS.

Psyché!

PSYCHÉ.

Suis-je en délire?...
D'où connais-tu mon nom?...

EROS.

Tu viens de me le dire...

PSYCHÉ.

Non!... non!...
Hélas! pardonne-moi!... Que te faut-il encore?
Vois ces traits altérés, flétris
Par la fièvre qui me dévore,
Par mes pleurs, et par tes mépris!...
— Ta bouche en vain se condamne au silence,
Eros soupire et ne m'est plus caché!
C'est toi!... toi qui m'entends! Et dont le cœur s'élance

Et dont l'âme immortelle appartient à Psyché!

Elle entoure de ses bras Eros qui cherche à fuir son étreinte.

MERCURE, *à part.*

Par le Styx! il chancelle!

EROS, *à part.*

O torture sans nom!...
Fuyons!... fuyons loin d'elle!
J'ai juré par le Styx!...

MERCURE, *à part.*

Il se souvient!

PSYCHÉ.

Non! non!
Que ton aveu soit de ma mort suivie
Je lui rends grâce, heureuse de m'offrir!...
C'est toi!... toi que j'implore et qui seul es ma vie!
Et dans tes bras aimés il m'est doux de mourir!

EROS.

Tu le veux!...

PSYCHÉ.

Eros!...

EROS, *l'attirant dans ses bras.*

Non! ma bouche ne peut taire
Ce qu'ont trahi mes yeux!...

ENSEMBLE

EROS.

O feu divin que rien n'altère!
Je porte en ce cœur radieux
Tous les amours de la terre
Et tous les amours des cieux!

PSYCHÉ.

O feu divin! profond mystère!
Nuit sombre où s'égarent mes yeux!
Suis-je encore sur la terre?
Suis-je déjà dans les cieux?

MERCURE.

O Styx vengeur! profond mystère!
Ta loi châtie hommes et dieux,
Les parjures de la terre
Et les parjures des cieux!

EROS.

Psyché, je t'aime!

Eros donne un baiser à Psyché.

PSYCHÉ.

Eros!...

Elle pousse un cri et chancelle.

Ah!...

EROS.

Dieux!... Elle chancelle!
Elle pâlit!...

MERCURE, *s'avançant.*

Faut-il qu'on vous rappelle
Vos serments!... Un baiser sera la mort pour elle!

EROS, *avec effroi.*

C'est moi qui lui ferme les yeux!

MERCURE.

C'est vous qui lui fermez les yeux!

CHOEUR DU STYX.

A nous, Psyché, ton âme,
Le Styx est ton époux,

L'Achéron te réclame,
A nous ton âme!... à nous!

SCÈNE IX

Les Mêmes, Les Bergers.

LE CHŒUR DES BERGERS.

D'où viennent ces sanglots et ces cris de détresse?...

EROS.

Ah! contre les transports d'une aveugle tendresse
Je n'ai pas su la protéger!

LES FEMMES, avec compassion.

C'est un amant qui pleure sa maîtresse!

EROS.

Non, c'est un dieu qui saura la venger!...

Ses habits de pâtre tombent et le laissent voir dans toute la splendeur de son costume d'Eros. La foule s'écarte avec respect.

Je suis Eros, et les cieux et la terre
Ne vivent que par moi!
Je suis Eros, je brave le tonnerre,
Et ne suis que ma loi.
C'est par moi seul que le monde respire,
Que le printemps fleurit,
Que le jour brille et que l'oiseau soupire,
Et sans moi tout périt!...
Tout périra! les cœurs dont j'étais l'âme
Iront se consumant!
Et le soleil sans chaleur et sans flamme
S'éteindra lentement!
Plus de printemps! la lumière ravie

Disparaîtra des cieux!
Je tarirai les sources de la vie,
Au cœur même des dieux!
Et l'univers, enfoui sous les ombres,
Comme sous un linceul,
Ne verra plus, debout sur ses décombres,
Que moi, terrible et seul!...

La foule se prosterne épouvantée.

LES JEUNES FILLES.

O redoutable anathème,
Eros, prends pitié de nous!...

LES VIEILLARDS.

Hélas! Jupiter lui-même
Aurait peur de son courroux!...

Le ciel s'éclaire tout à coup; Vénus apparaît sur son char, au fond de la scène, entourée de grâces et d'amours.

SCÈNE X

LES MÊMES, VÉNUS, et SON CORTÉGE.

LE CHOEUR.

O prodige! allégresse!
C'est la déesse!
C'est Vénus qui vient des cieux.
Tout s'éclaire de ses yeux!

MERCURE.

Apaise-toi! Psyché, plus belle,
Va rouvrir sa paupière au jour!
Vénus lui pardonne et l'appelle,
Jupiter la fait immortelle,
Pour ton immortel amour!

Psyché se ranime lentement, rouvre les yeux et aperçoit Eros.

PSYCHÉ.

Eros !...

EROS.

Psyché !...

LE CHOEUR DES DIEUX et DES HOMMES.

Le ciel entier frémit d'amour !

CHOEUR GÉNÉRAL.

Couple heureux ! union féconde !
De l'amour et de la beauté,
Tu naîtras, ô reine du monde,
O Volupté !

FIN

IMPRIMERIE GÉNÉRALE DE CHATILLON-SUR-SEINE, J. ROBERT

RAPPORT

15

MIRE ISO N° 1
NF Z 43-007
AFNOR
Cedex 7 - 92080 PARIS-LA-DÉFENSE

graphicom
338.57.70

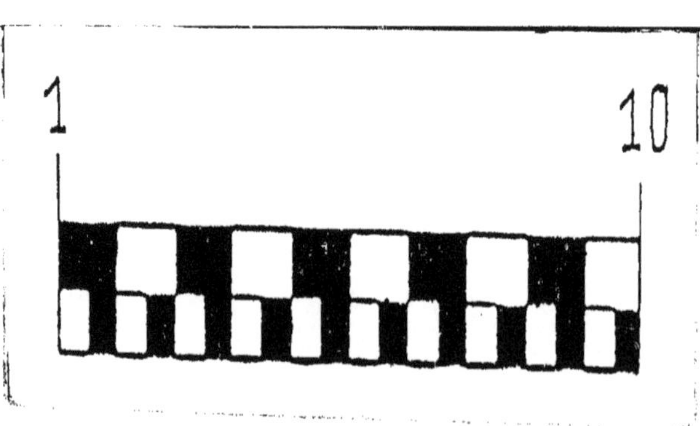

BIBLIOTHÈQUE NATIONALE

CHÂTEAU de SABLÉ

1990

www.ingramcontent.com/pod-product-compliance
Ingram Content Group UK Ltd.
Pitfield, Milton Keynes, MK11 3LW, UK
UKHW020950180726
13838UKWH00003B/1230